Paris
1884

Schiller, Frederich von

Le chant de la cloche

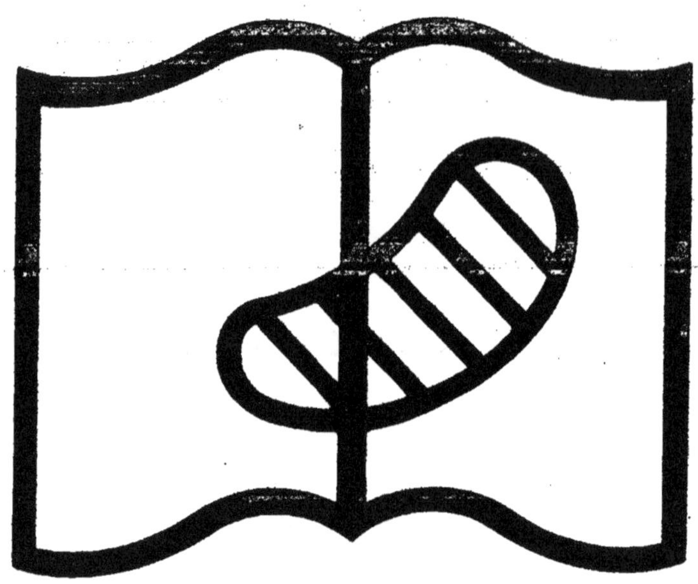

Symbole applicable
pour tout, ou partie
des documents microfilmés

Original illisible

NF Z 43-120-10

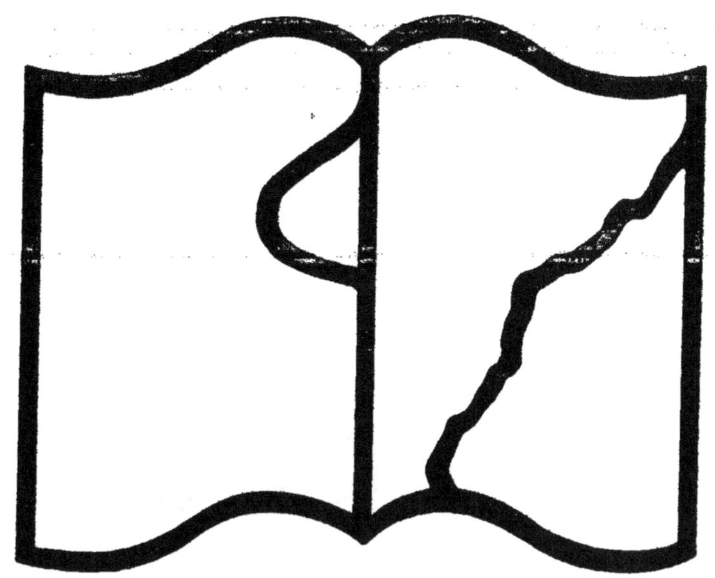

Symbole applicable
pour tout, ou partie
des documents microfilmés

Texte détérioré — reliure défectueuse

NF Z 43-120-11

GUSTAVE FORTIN

LE CHANT

DE

LA CLOCHE

DE SCHILLER

EN VERS FRANÇAIS

Prix : Un franc

PARIS

PAUL OLLENDORFF, ÉDITEUR

28 *bis*, RUE DE RICHELIEU, 28 *bis*

1884

LE CHANT

DE

LA CLOCHE

DU MÊME AUTEUR :

Primevères et Violettes, poésies. 1 vol. 3 fr.

Prochainement :

Les Rhénanes.

Les Souvenirs bohémiens.

Le jeune Follevie.

GUSTAVE FORTIN

LE CHANT
DE
LA CLOCHE
DE SCHILLER

EN VERS FRANÇAIS

Prix : Un franc

PARIS
PAUL OLLENDORFF, ÉDITEUR
28 *bis*, RUE DE RICHELIEU, 28 *bis*

1884

PRÉFACE

SCHILLER, après une première jeunesse fort agitée, vint s'établir à Weimar en 1787, à l'âge de 28 ans. Il était déjà connu par ses œuvres. Dans un voyage avec un ami de jeunesse, Guillaume de Wolzogen, il fit la connaissance de Charlotte de Lengenfeld, qui devint plus tard sa femme. En 1788, il alla passer une partie de l'été dans la gracieuse vallée de Rudolstadt, qu'habitait la famille de sa fiancée. Une fonderie du voisinage servait souvent de but à ses promenades. Un jour, en assistant à la fonte d'une cloche, il conçut le plan d'un poëme ; il en écrivit dès lors les premières parties, sous les influences heureuses d'un amour partagé.

Dans le *Chant de la Cloche,* le maître fondeur dirige la fonte et prodigue ses encouragements aux ouvriers dans des strophes au rythme entraînant.

Le poète ajoute à chaque nouvelle progression de l'ouvrage une digression lyrique sur la vie humaine, tantôt tendre ou joyeuse, tantôt triste ou passionnée, comme les sonneries de la cloche elle-même, à travers les différentes phases de notre existence... Ne salue-t-elle pas d'un gai carillon l'enfant qui vient de naître? —

Pour qu'elle ait un son bien pur, il faut veiller à ce que les métaux s'allient bien. Ainsi les fiancés qu'elle invite à l'hymen feraient bien de s'accorder parfaitement, avant de s'unir pour toujours. —

La flamme qui produit la fonte est bienfaisante ; mais l'homme doit craindre les éléments qui détruisent ses œuvres. Déjà l'incendie éclaire la nuit... Le tocsin sonne ! —

Quand les métaux sont fondus, on remplit le moule placé dans la terre, et, lorsqu'à la terre on confie nos restes, la cloche nous accompagne d'un glas funèbre. —

Il faut que l'alliage se refroidisse. Après le travail, le repos. C'est l'*Angelus*, c'est la cloche du soir qu'on entend. La ville paisible ferme ses portes.

Le patron peut briser le moule en temps opportun. Il ne faut pas que le métal en fusion rompe ses entraves. De même la populace inconsciente ne doit pas s'insurger contre les lois de la raison et de l'équité. Quand l'émeute se déchaine, la cloche d'alarme retentit. —

Enfin la cloche apparait ! Elle est à nu. Que Concorde soit son nom et que, du haut de la tour, elle chante les louanges de Dieu !

Le poème se termine par des actions de grâce et des vœux de paix.

Quoiqu'il eût commencé son œuvre en 1788, le poète ne la publia qu'une dizaine d'années plus tard. Sa correspondance avec Gœthe témoigne des soins qu'il prenait à la parfaire. « Je compte couver encore une année en moi ce sujet, écrit-il en 1797, pour que mon ouvrage, qui n'est vraiment pas une bagatelle, arrive à maturité. »

C'est grâce à cette application réfléchie qu'il réussit à couler son inspiration simple et pure dans le moule d'une haute poésie, qui doit charmer et consoler à jamais, comme la cloche elle-même, les nations les plus diverses. Car on sait que l'ode nationale, dont l'Allemagne peut se glorifier à juste titre, a été traduite dans toutes les langues ; les imitations et les parodies qui en existent sont innombrables ; un bibliophile délicat a bien voulu me communiquer une douzaine de plaquettes françaises y ayant trait, et je sais autant d'autres ouvrages dans notre langue que je pourrais citer.

Je ne m'appesantirai pas, après tant d'apologies, sur des beautés universellement reconnues. Je dirai seulement ici : la langue allemande m'est familière, parce que je suis Strasbourgeois, je connais le *Chant de la Cloche* depuis mon enfance et j'ai traduit ce chef-d'œuvre avec enthousiasme.

G. F.

Le Chant de la Cloche

DE SCHILLER.

Vivos voco! Mortuos plango!
Fulgura frango!

Le moule est placé dans la terre,
La cloche doit naître aujourd'hui!
Compagnons, ce labeur austère
    Exige votre appui!
Certes il faut que du visage
    S'égoutte la sueur,
Mais aussi Dieu bénit l'ouvrage
Qui doit nous faire honneur.

Pendant ces œuvres sérieuses
Discourons sérieusement ;
Les paroles ingénieuses
Nous charment un moment.
Laissez-nous donc rechercher comme
Une cause engendre un effet ;
On devrait mépriser tel homme
Qui n'observe pas ce qu'il fait.
N'avons-nous pas l'intelligence,
Cet ornement de l'être humain,
Qui donne au cœur la conscience
De ce que fait la main ?

De bois de pin faites usage,
Prenez-le des plus secs ; il faut
Que la flamme dans le tuyau
Bien vivement s'engage !
Le cuivre bout ! Soudain
Ajoutez-y l'étain.

Pour que tout nous présage
Un parfait alliage.

***

Ce que dans la fosse profonde,
Grâce au feu, bâtit notre main,
Dans une tour, à tout le monde,
L'airain l'attestera demain.
La cloche au temps résiste,
Touchant oreille et cœur,
Clamant avec le triste,
Se mêlant au saint chœur.
Les ris et les pleurs que nous donne
Le mobile destin,
Sont par le métal qui résonne
Répétés au lointain.

Je vois des bulles blanches naître;
Les lingots sont en fusion;

Que le sel de soude y pénètre,
 Et hâte l'action !
Il faut aussi que l'alliage
 D'écume se dégage,
Afin que la voix du métal
 Ait le son du cristal.

Car joyeuse est son harmonie,
En saluant l'enfant vermeil,
Qui paraît au seuil de la vie,
Bercé dans les bras du sommeil ;
Pour lui dans le sein des années
Se reposent les destinées ;
L'amour maternel veille encor
A la paix de ses rêves d'or.

Mais comme l'éclair le temps passe !
Le garçon avide d'espace
N'écoute plus aucun appel,
Il se lance dans les voyages,
Il affronte tous les orages
Et revient au toit paternel.

Là, dans l'éclat de la jeunesse,
Avec sa beauté de déesse,
Il voit paraître devant lui,
Rougissante comme l'aurore,
Celle qu'il croit enfant encore,
La jeune fille d'aujourd'hui.
Alors un ineffable charme
S'empare de son pauvre cœur;
Souvent, réprimant une larme,
Il fuit un groupe tapageur;
Il voudrait se rapprocher d'elle,
Il est heureux de son bonjour
Et cherche la fleur la plus belle
Pour en orner son cher amour.
O doux espoir! pure tendresse!
Où le cœur entrevoit le ciel,
Et croit au bonheur éternel.
Dans l'âge d'or de la jeunesse,
Pourquoi vous faner sans retour,
Chastes fleurs du premier amour?

Les évents déjà se brunissent !
J'y plonge ce petit bâton.
Et si des cristaux le vernissent,
Pour couler le moment est bon.
Maintenant, compagnons, courage !
Regardez bien dans l'alliage,
Si le ductile et le cassant
Nous secondent en s'unissant.

Car où la force et la tendresse,
Où la douceur et la rudesse
S'amalgament, l'accord est beau.
Ainsi, fiancés de la vie,
Éprouvez votre sympathie,
Pour être heureux jusqu'au tombeau !
Si la couronne nuptiale
Sied à la pudeur virginale,
Lorsque les cloches de l'hymen
Appellent à l'autel divin,
Hélas ! à cette belle fête
Aussi notre printemps s'arrête !

La chute du voile sacré
Dissipe maint rêve adoré.
Le plaisir s'envole,
L'amour doit rester;
La fleur s'étiole,
L'épi doit monter.
Il faut que hors du gîte,
Dans un monde sans cœur,
L'époux se précipite,
Risque son bien, s'agite
Pour trouver le bonheur.
Alors au grenier d'abondance
La fortune vient à foison,
Et dans le bonheur et l'aisance
Il faut agrandir la maison.
Dans son intérieur la mère,
En vigilante ménagère,
A l'œil partout,
Dirige tout;
Dans le cercle de la famille,
Elle élève garçon et fille,
Travaille de sa main,

Et, grâce à sa persévérance,
Ménage le gain
Avec intelligence.
Tantôt elle tient le fuseau,
Tantôt l'aiguille et le ciseau;
Tantôt, dans ses armoires pleines,
Elle range toiles et laines;
Pour le bien, à travers les jours,
La mère travaille toujours.
Et le père, d'un air content,
Monte sur la terrasse,
D'où son coup d'œil embrasse
Son bonheur qui s'étend;
Il voit les arbres de ses terres
Et les richesses de ses aires,
Ses greniers par le ciel bénis
Et les ondes des blonds épis.
Alors il se vante
Et, plein de hauteur,
Pense sa maison florissante
A l'abri du malheur.
Hélas! avec la destinée

Aucun pacte n'est éternel !
D'une façon inopinée
La foudre tombera du ciel.

Bon ! la cassure est dentelée ;
Pourtant, avant de commencer,
Prions Dieu de nous exaucer,
En nous donnant bonne coulée.
A présent, poussez le bouchon !
Le ciel protège la maison !
Car dans la courbure de l'anse
Le flot brun et fumeux s'élance.

Certes la flamme est un bienfait,
Quand l'homme veille à son effet,
Comme une puissance divine
Elle seconde son labeur ;
Mais elle répand la ruine
Sur son passage, et la terreur,

Si jamais elle se déchaîne
Dans une rue étroite et traîne
Des anneaux d'incendie affreux
A travers les flots populeux ;
Car tous les éléments haïssent
L'œuvre que les hommes bâtissent.
L'éclair et l'onde pluviale
Prennent naissance au même sein...
Mais, chut ! Quelle voix sépulcrale
Nous appelle ? C'est le tocsin !

Voyez-vous la voûte céleste
    Rouge comme du sang ?
Ce n'est pas là le jour naissant. —
    Quel est ce bruit funeste
    De tous côtés ? Grand Dieu !
On court, on vole, on crie : Au feu !
Pétillante déjà s'élève
        La flamme. Sans trêve
            Elle s'étend.
D'une ardeur de fournaise
L'air s'embrase. On entend

Le craquement
Et l'écroulement
Des poutres en braise,
Le cliquetis
Des vitres, et les cris
De mères qui craignent,
D'enfants qui se plaignent,
De bêtes qui geignent,
Sous les débris.
Dans la panique souveraine,
L'incendie éclaire la nuit.
On sauve ce qu'on peut. Tout fuit ;
Pourtant l'on fait la chaine :
Les seaux volent de main en main,
L'onde afflue. Hélas ! tout est vain.
L'orage rugissant arrive,
S'engouffre dans la flamme vive,
Qui gagne le grenier en peu
De temps. Le blé prend feu !
En tourbillons la flamme en fuite,
Parait entrainer à sa suite
La terre, et devient dans les cieux

Immense !
Sans la moindre espérance,
Devant la puissance des dieux,
Anéanti, l'homme s'incline,
En admirant encor des yeux
L'horreur de sa ruine.

Tout est dévasté dans ces lieux,
Repaires des fougueux orages.
La terreur habite le creux
Des fenêtres, et les nuages
Y regardent du haut des cieux.

Alors le père jette
Un dernier coup d'œil
A tout ce qu'il regrette,
Puis, laissant là son deuil,
Il rentre dans la vie,
Et remercie encor le ciel,
Car aucune tête chérie
Ne manque à son appel.

Maintenant la cloche est sous terre.
Pour compenser notre labeur,
Puisse-t-elle nous faire honneur,
En revenant à la lumière !
Le moule peut-être a craqué
Et l'ouvrage est déjà manqué !
Pourvu que la mauvaise chance
N'ait pas brisé notre espérance !

La sombre terre, dans son sein
Reçoit l'œuvre de notre main,
Comme elle reçoit la semence
Du semeur plein de confiance,
Et reçoit de même en son sein
La semence plus précieuse
Des cercueils, d'où l'âme anxieuse
Renaît au suprême destin.

On entend à la cathédrale,
Lourd et craintif,
Le son plaintif
De la cloche qui râle ;

Un pèlerin s'en va là-bas ;
La cloche l'accompagne, hélas !
D'un glas.

Voire, c'est l'épouse, la chère,
C'est elle, cette tendre mère,
Elle que la mort en courroux
Arrache aux bras de son époux :
A cette famille, à laquelle
Jadis elle donna le jour,
Et qui grandit à sa mamelle,
La mort la ravit sans retour.

Ah ! maintenant dans ces lieux sombres,
Adieu les souris adorés !
Elle est au royaume des ombres,
Cette mère que vous pleurez.
Dieu ! comme l'on sent son absence !
Son charme manque à ce séjour,
Où s'implante l'indifférence
D'une étrangère sans amour.

En attendant que l'alliage
Refroidisse, reposons-nous.
L'oiseau libre dans le feuillage
Trouve des sons plus doux,
Et dès le premier astre au ciel,
L'ouvrier ponctuel,
Loin du maître qui se tourmente,
Rentre au foyer et chante.

Au loin, dans la forêt sauvage,
Le voyageur hâte le pas;
Il veut gagner dans le village,
Sa cabane là-bas.
Les bœufs rentrent de la pâture,
Les brebis passent en bêlant;
Avec la moisson la voiture
S'avance en chancelant;
Sur les gerbes une guirlande
Étale ses couleurs.
Au bal déjà vole la bande
Des jeunes moissonneurs.

Place et marché sont plus tranquilles.
Les habitants dociles,
Autour de la lampe du soir,
Pour causer vont s'asseoir.
La porte de la ville
Se ferme avec fracas,
Mais la peur vile
N'existe pas.
Malgré la nuit sombre,
Le passant dans l'ombre
N'appréhende rien.
Le juste sommeille,
Et la loi qui veille
Protège son bien.

Puissance civilisatrice,
Fille céleste, ô bienfaitrice !
A tes doux liens nous devons
Les richesses que nous avons.
Pour peupler villes et villages,
C'est toi qui cherchas dans les champs

Les insociables sauvages.
C'est toi qui vins chez les méchants
Porter la loi douce et chérie
Qui nous attache à la patrie.

Et, dans notre société,
Mille mains actives s'empressent ;
Par leur émulation naissent
Les doux fruits de l'habileté.
Patrons et compagnons s'astreignent
Au travail à l'abri des lois,
Méprisent ceux qui les dédaignent
Et sont contents de leurs emplois.
Le travail est notre puissance,
La gloire est notre récompense.
Honneur au roi, notre seigneur,
Mais, de même, au travail honneur !

La ville est joyeuse et paisible,
    Ah ! que jamais, jamais,
La guerre sanglante et terrible
    Ne trouble cette paix !

Que jamais les hordes sauvages
N'errent dans ce vallon ;
Que jamais le feu des villages
N'empourpre l'horizon,
Où le jour fuyant aux nuages
Met des roses au front.

Le moule a rempli son office,
Il faut que de son sein jaillisse
L'ouvrage qui, par sa splendeur,
Doit réjouir l'œil et le cœur.
Saisis ton marteau, frappe,
Frappe dur à la chape.
Le moule en éclats doit sauter,
La cloche veut ressusciter.

Le patron peut briser l'entrave
En temps opportun, savamment,

Mais malheur ! si les flots de lave,
Forts de leur propre mouvement,
S'échappent, aveugles de rage,
Avec les éclats de l'orage
Par les brèches de leur prison ;
Il semble que la gueule ouverte
De l'enfer répande la perte
Avec le feu dans la maison.
La force sans intelligence
Ne peut rien engendrer de bon.
Le peuple aussi dans la licence
Est une force sans raison.
Et malheur ! lorsque, dans la ville,
L'horreur de la guerre civile
Met une torche dans la main
De la foule au cœur inhumain,
Lorsque chacun, brisant sa chaîne,
Suit la révolte qui l'entraîne,
Et, lugubre comme un remord,
Accourt avec des cris de mort !
Qu'elle ait alors des sons d'alarmes,
Cette cloche aux tendres accents,

Que par ses appels incessants
La délivrance coure aux armes !

Égalité, liberté, sont
Les mots qu'on crie à l'unisson.
D'égorgeurs les places sont pleines,
Les femmes, comme des hyènes,
Trouvent de douces voluptés
A commettre des cruautés ;
Sur sa victime la mégère,
Avec une ardeur de panthère,
Se rue, et veut ravir au flanc
Un cœur encore tressaillant.
Rien n'est plus sacré dans le monde :
L'on voit partout le vice immonde
En public suivre son penchant,
Le bon faire place au méchant.
Il est dangereux qu'on éveille,
Certes, le lion qui sommeille,
Mais le peuple induit en erreur
Doit inspirer plus de terreur.

Maudite soit la perfidie
Qui prête à l'aveugle un flambeau !
Il n'en résulte qu'incendie,
Que ruines et que tombeau.

Le Seigneur me comble de joie.
Voyez la cloche qui flamboie,
Son métal, qui se pèle encor,
Brille comme une étoile d'or ;
Du bord jusques à la couronne,
C'est un vrai soleil qui rayonne,
Et l'écusson plaît au regard,
Honorant le maître et son art.

A présent, venez tous, entrez,
Braves compagnons, accourez !
C'est la cloche que l'on baptise.
Que Concorde soit sa devise,
Pour que ses accents adorés

Parlent d'union et d'entente
A cette commune charmante.

Et désormais son attribut
Justifiera mon propre but.
Qu'elle flotte loin de la terre,
Bien haut, là-bas, dans le ciel bleu,
Et soit voisine du tonnerre,
Tout près du firmament en feu.
Qu'elle mêle au chœur de l'espace
Sa louange à Dieu, qui conduit
Le cortège des ans qui passe
Dans les étoiles de la nuit,
Que la seule grâce éternelle
Consacre son front de métal,
Que le temps l'effleure de l'aile,
Chaque heure, dans son vol égal;
Qu'elle prête son harmonie
Au destin, et, d'un bercement
Préside au jeu de notre vie,
Bien que sans cœur ni sentiment,
Et que sa voix toute-puissante,

Qui s'évanouit dans le ciel,
A l'humanité représente
Qu'ici-bas rien n'est immortel.

Enfin, par notre ministère,
La cloche, sortant de la terre,
Monte dans l'empire du son,
Jusqu'au céleste pavillon.
  Tirez, tirez sans trêve !
  Elle flotte et s'élève.
Qu'à la ville heureuse à jamais
Ses premiers sons parlent de paix !

NANCY, IMPRIMERIE BERGER-LEVRAULT ET Cie.

www.ingramcontent.com/pod-product-compliance
Lightning Source LLC
LaVergne TN
LVHW020629110826
845149LV00004B/1106

* 9 7 8 2 0 1 2 1 7 1 4 0 4 *